SANDWICH-REZEPTE

Mehr als 50 perfekte Rezepte für die Herstellung von Panini

Ida Möller

Alle Rechte vorbehalten.

Haftungsausschluss

Die enthaltenen Informationen sollen als umfassende Sammlung von Strategien dienen, über die der Autor dieses eBooks recherchiert hat. Zusammenfassungen, Strategien, Tipps und Tricks sind nur Empfehlungen des Autors. Das Lesen dieses eBooks garantiert nicht, dass die Ergebnisse genau den Ergebnissen des Autors entsprechen. Der Autor des eBooks hat alle zumutbaren Anstrengungen unternommen, um den Lesern des eBooks aktuelle und genaue Informationen zur Verfügung zu stellen. Der Autor und seine Mitarbeiter haften nicht für unbeabsichtigte Fehler oder Auslassungen. Das Material im eBook kann Informationen von Dritten enthalten. Materialien von Drittanbietern bestehen aus Meinungen, die von ihren Eigentümern geäußert wurden. Daher übernimmt der Autor des eBooks keine Verantwortung oder Haftung für Material oder Meinungen Dritter.

INHALTSVERZEICHNIS

EINFÜHRUNG

Nun, wie der Name schon sagt, basiert es auf Make a Meal, wo das Sandwich Plato Main ist. Also nehmen wir eine Mahlzeit in Form eines Sandwichs und wechseln sie mit ausgewogenen und gesunden Gerichten ab. Daher sind sowohl Gemüse als auch weißes Fleisch oder Fisch verfügbar, um ein paar Pfund zu verlieren. Denken Sie daran, dass nicht irgendein Sandwich serviert wird, da wir das Samenbrot oder das Vollkorn wählen müssen und so natürlich wie möglich. Vergessen wir also in Scheiben geschnitten.Brot. Außerdem sollte das betreffende Sandwich klein und nicht länger als 20 cm sein.

GESUNDES FRÜHSTÜCK

Wie viel verlieren Sie in der ersten Woche der Diät?

Wenn die Dinge gut laufen, kann die Sandwich-Diät Sie 5 Pfund pro Monat verlieren. Denn dank der Vielfalt der Sandwiches haben Sie keine Angst, einen zusätzlichen Snack zuzubereiten. Etwas Grundlegendes, das uns manchmal passiert, wenn wir uns extrem extrem ernähren. Sie können also jede Woche zwischen 1 Pfund und 1,5 Pfund verlieren. Natürlich sind nicht alle Körper gleich und daher gibt es noch mehr zu verlieren. Denken Sie daran, dass Sie zusätzlich zur Ernährung viel Wasser trinken und natürlich alle vorgekochten Lebensmittel, frittierten Lebensmittel oder Gebäckstücke vergessen sollten, die uns oft in Versuchung führen.

SANDWICH DIET MENU

Frühstück

Glas Kaffee mit Magermilch, zwei Scheiben Brot mit leichter Marmelade und ein Stück Obst. Sie können mit einem entrahmten Joghurt und Obst abwechseln. Dies können Kiwi, Ananas, Birne oder Mandarine sowie Orangen sein.

Morgen und Nachmittag

Sie können eine Frucht oder einen natürlichen Joghurt haben. Sie können aber auch Aufgüsse oder Kaffee ohne Zucker hinzufügen. Wenn Sie hungrig sind, können Sie mehr Obst haben und sogar Gemüse wie Karotten oder Tomaten hinzufügen.

Essen

Hier kommt unser Sandwich an. Immer Vollkornbrot oder mit Samen. Wir machen das Sandwich immer mit grünen Blättern wie Salat oder Mangold und Rucola. Zusätzlich zu diesem Gemüse müssen sie den Teil des Proteins enthalten, der in Form von Truthahn oder Huhn vorliegt. Sie können Scheiben oder gegrillt wählen. Frischkäse, geröstete Paprika, gekochtes Ei, Schinken oder sogar Muscheln. Was magst du Sandwiches? Zum Nachtisch kannst du noch eine Frucht haben.

PITA-TASCHEN MIT WÜRZIGEM FLEISCHFLEISCH

Portionen: 4

ZUTATEN

- 1 Schalotte
- 1 Knoblauchzehe
- 3 EL Olivenöl
- 250 g Rinderhackfleisch oder Lammhackfleisch
- 1 EL Tomatenmark
- 0,3 TL Chiliflocken
- 2 EL gehackte Kräuter, z. B. Koriander, Petersilie, Zitronenmelisse
- Salz-
- Schwarzer Pfeffer aus der Mühle
- 100 g Joghurt
- 0,5 TL Kreuzkümmel, gemahlen

- 1 Tomate
- 4 Fladenbrote

VORBEREITUNG

Schalotte und Knoblauchzehe schälen und fein hacken. 2 Esslöffel Öl in einer Pfanne erhitzen und das Hackfleisch darin bröckelig braten. Fügen Sie Tomatenmark, Schalotten, Knoblauch und Chiliflocken hinzu und braten Sie diese 2-3 Minuten lang. Die Kräuter untermischen und das Hackfleisch mit Salz und Pfeffer würzen.

Mischen Sie den Joghurt mit dem restlichen Öl, Salz und Kreuzkümmel. Die Tomate waschen, in dünne Scheiben schneiden, halbieren und auf Küchenpapier abtropfen lassen.

Erhitzen Sie die Fladenbrote im Ofen etwa 10 Minuten lang bei 100 Grad (obere / untere Hitze). Mit Hackfleisch, Kreuzkümmeljoghurt und Tomaten füllen. Zum Transport fest in Aluminiumfolie einwickeln.

Variation: Pita-Taschen mit Thunfisch-Petersilien-Salat

Die Tomate waschen, halbieren, entkernen und fein würfeln. 1 Frühlingszwiebel putzen, waschen und fein hacken. 1 Bund Petersilie abspülen, trocken schütteln und die Blätter fein hacken. Alles mit 1 Esslöffel Olivenöl mischen und mit Salz und Pfeffer würzen.

1 Dose Thunfisch in Öl (185 g abgelassenes Gewicht) in ein Sieb abtropfen lassen. Die erwärmten Pita-Taschen mit 2 EL Salatmayonnaise bestreichen und mit Petersiliensalat und Thunfisch füllen.

MOZZARELLA & PAPRIKA AUF CIABATTA

Portionen: 4

ZUTATEN

- 3 rote Paprika
- 200 g Büffelmozzarella
- 1 EL Fenchelsamen
- 2 EL Olivenöl
- 75 g sonnengetrocknete Tomaten in Öl
- Salz-
- 1 EL Rosmarinnadeln
- 1 große Zucchini
- schwarzer Pfeffer aus der Mühle
- 1 Oliven-Ciabatta (oder Weißbrot)
- 4 Scheiben Serrano-Schinken
- einige Basilikumblätter

VORBEREITUNG

Schneiden Sie die Ciabatta und schneiden Sie sie in 8 gleiche Stücke. Unter dem Grill (oder im Toaster) goldbraun rösten. Den Schinken ohne zusätzliches Fett knusprig braten. Das Brot mit dem Tomatenpüree bestreichen. Top 4 Stück mit Paprika, Zucchini, Mozzarella, Schinken und Basilikumblättern. Mit dem Rest des Brotes bedecken.

Den Paprika vierteln, reinigen und unter dem Grill ca. 8 Minuten mit der Haut nach oben rösten. Mit einem feuchten Küchentuch 10 Minuten abdecken und dann schälen. Den Mozzarella in Scheiben schneiden, mit 0,5 EL Fenchelsamen und 2 EL Öl ca. 30 Minuten marinieren. Die Tomaten mit 2 EL Tomatenöl, restlichen Fenchelsamen, etwas Salz und Rosmarin pürieren. Zucchini putzen, längs in dünne Scheiben schneiden. Mozzarella abtropfen lassen. Zucchini und Paprika auf jeder Seite ca. 30 Sekunden in je 1 Esslöffel Marinieröl anbraten, mit Salz und Pfeffer würzen.

RINDERBRATEN-SANDWICH

Portionen: 8

ZUTATEN

- 1 Gurke
- 0,5 säuerlicher Apfel, zB Granny Smith
- 1 Ei, Klasse M, hart gekocht
- 0,5 Bund Schnittlauch
- 1 Frühlingszwiebel
- 100 g Aioli, zB von Escoffier
- 100 g Crème Fraîche
- Salz-
- schwarzer Pfeffer aus der Mühle
- 1 Minigurke
- 1 Bündel Rakete
- 8 Scheiben Toast
- 200 g Roastbeefscheiben

VORBEREITUNG

Die Gurken würfeln. Den Apfel schälen und vierteln, den Kern entfernen und das Fruchtfleisch fein würfeln. Das Ei schälen und fein hacken. Schnittlauch und Frühlingszwiebeln in sehr feine Brötchen schneiden.

Die Aioli mit der Crème Fraîche mischen. Gurkenwürfel und Apfel, Ei, Schnittlauch und Frühlingszwiebeln unterrühren.

Schneiden Sie die Mini-Gurke in sehr feine Scheiben. Reinigen Sie die Rakete, schneiden Sie die Stiele ab. Eine dicke Schicht Tartarsauce auf eine Seite aller Toastbrotscheiben geben, 4 davon mit Gurke, Rucola und Roastbeef bedecken, mit Salz und Pfeffer würzen. Legen Sie 1 Scheibe Toast mit dem Aufstrich nach unten und schneiden Sie die Sandwiches diagonal.

RINDERBRATEN-SANDWICH

Portionen: 8

ZUTATEN

- 1 Gurke
- 0,5 säuerlicher Apfel, zB Granny Smith
- 1 Ei, Klasse M, hart gekocht
- 0,5 Bund Schnittlauch
- 1 Frühlingszwiebel
- 100 g Aioli, zB von Escoffier
- 100 g Crème Fraîche
- Salz-
- schwarzer Pfeffer aus der Mühle
- 1 Minigurke
- 1 Bündel Rakete
- 8 Scheiben Toast
- 200 g Roastbeefscheiben

VORBEREITUNG

Die Gurken würfeln. Den Apfel schälen und vierteln, den Kern entfernen und das Fruchtfleisch fein würfeln. Das Ei schälen und fein hacken. Schnittlauch und Frühlingszwiebeln in sehr feine Brötchen schneiden.

Die Aioli mit der Crème Fraîche mischen. Gurkenwürfel und Apfel, Ei, Schnittlauch und Frühlingszwiebeln unterrühren.

Schneiden Sie die Mini-Gurke in sehr feine Scheiben. Reinigen Sie die Rakete, schneiden Sie die Stiele ab. Eine dicke Schicht Tartarsauce auf eine Seite aller Toastbrotscheiben geben, 4 davon mit Gurke, Rucola und Roastbeef bedecken, mit Salz und Pfeffer würzen. Legen Sie 1 Scheibe Toast mit dem Aufstrich nach unten und schneiden Sie die Sandwiches diagonal.

TRAMEZZINI MIT TROUT MOUSSE UND MUSTARD-DILL-SAUCE

Portionen: 6

ZUTATEN

- 50 g Mandelblättchen
- 100 g geräuchertes Forellenfilet
- 1/2 Chili Pfeffer
- Schale und 4 Esslöffel Saft aus 1/2 unbehandelter Zitrone
- 50 g saure Sahne
- 1/2 Bund Schnittlauch
- Salz-
- Pfeffer aus der Mühle
- 30 g Lammsalat

- 6 Scheiben Sandwich Toast
- 2 EL Senf
- 2 Teelöffel brauner Zucker
- 6 EL Öl
- 6 EL gehackter Dill

VORBEREITUNG

1. Toasten Sie die Mandelflocken. Das Forellenfilet in Stücke reißen. Die Chilis entkernen und fein hacken. Chili, Zitronenschale und 3 Esslöffel Saft und Sauerrahm zum Forellenfilet geben, alles pürieren. Schnittlauch in Rollen schneiden und hinzufügen. Mit Salz und Pfeffer würzen.

2. Lammsalat reinigen, waschen und trocken schütteln. Schneiden Sie die Kruste vom Toast ab. Rollen Sie die Scheiben mit einem Nudelholz flach. Senf, Zucker, restlichen Zitronensaft, Öl und Dill mischen.

3. Die Toastscheiben mit Senf und Dillsauce bestreichen. Decken Sie drei Toastscheiben mit der Hälfte des Salats, der Forellenmousse, den Mandeln und dem restlichen Salat ab. Legen Sie die restlichen Toastscheiben darauf und schneiden Sie die Tramezzini diagonal, idealerweise mit einem elektrischen Messer.

PRAWNS & AVOCADO AUF SESAM-TOAST

Portionen: 4

ZUTATEN

- 800 g Garnelen ohne Kopf und Schale
- 1 roter Pfeffer
- 1 Bund frischer Koriander
- 2 EL Curry
- Salz-
- 20 g Ingwerwurzel
- 1-2 Avocados (ca. 350 g Fruchtfleisch)
- 2-3 EL Limettensaft
- 3 Eier
- 50 ml Milch
- 8 Scheiben Toast
- 75 g Römersalat

- 200 g Sesam
- 8 EL Olivenöl
- Holzspieße

VORBEREITUNG

1. Entfernen Sie den Darm von den Garnelen und schneiden Sie ihn in kleine Stücke. Den Pfeffer und die Hälfte des Korianders grob hacken. Alles grob mit Curry und Salz pürieren. Bilden Sie 4 flache Pastetchen von der Größe eines Toasts. Den Ingwer schälen und würfeln. Die Avocados halbieren, den Stein entfernen, das Fruchtfleisch entfernen. Das Avocado-Fruchtfleisch mit Salz und Limettensaft pürieren, gut abdecken. 2 Eier mit Milch verquirlen. Den Toast entrinden. Salat reinigen und in feine Streifen schneiden.

2. Braten Sie die Garnelenpastetchen auf jeder Seite 2 Minuten lang in 2 Esslöffeln Öl an und halten Sie sie im 50-Grad-Ofen warm. Den Toast zuerst im restlichen Ei und dann im Sesam wenden. In 2 Pfannen das restliche Öl auf jeder Seite goldbraun braten. Auf Küchenpapier abtropfen lassen. Mit Avodadocreme bestreichen, mit den Pastetchen, dem Salat und dem restlichen Koriander belegen. Pin mit Holzspießen.

Schweinefiletburger mit Tomatensauce

Portionen: 4

ZUTATEN

- 150 g saure Sahne
- Salz-
- schwarzer Pfeffer aus der Mühle
- Zucker
- 4 Stiele Basilikum
- 1 kleine Knoblauchzehe
- 1 Beefsteak-Tomate
- 1 Zucchini, ca. Jeweils 200 g
- 4 EL Olivenöl
- 4 Schweinefiletmedaillons ca. Jeweils 100 g
- 4 Scheiben Holzbrot, dick

- 75 g Fenchelsalami, in dünne Scheiben geschnitten

VORBEREITUNG

Mischen Sie die saure Sahne, Salz, Pfeffer und eine Prise Zucker. Die Basilikumblätter von den Stielen nehmen und fein hacken. Knoblauch schälen und auspressen. Basilikum und die Hälfte des Knoblauchs in die saure Sahne einrühren. Entfernen Sie den Stiel von der Tomate, würfeln Sie die Tomate fein und rühren Sie sie in die saure Sahne.

Die Zucchinibürste und in Längsrichtung in dünne Scheiben schneiden. 2 Esslöffel Öl in einer Pfanne erhitzen, die Zucchini bei mittlerer Hitze kräftig braten und mit Salz, Pfeffer und dem Rest des Knoblauchs würzen. Aus der Pfanne nehmen und beiseite stellen.

2 Esslöffel Öl in der Pfanne erhitzen, Medaillons auf beiden Seiten bei starker Hitze braten. Würzen und ca. 5 Minuten bei mittlerer Hitze beim Drehen.

Die Brotscheiben halbieren, leicht in einer Pfanne ohne Fett oder in einem Toaster rösten. Medaillons in 5 mm dicke Scheiben schneiden. Die Hälfte des Brotes mit der sauren Sahne bestreichen, abwechselnd mit Zucchini, Filetscheiben, Salami und Zucchini. Mit den restlichen Brotscheiben abschließen. Verwenden Sie die restliche saure Sahne zum Eintauchen.

TRAMEZZINI MIT MANGO UND HÜHNCHENBRUSTFILET

Portionen: 6

ZUTATEN

- 1 walnussgroßes Stück Ingwer
- 1/2 Bund Koriander
- 125 g saure Sahne
- 1-2 TL Curry
- Salz-
- 2 kleine, reife Mangos
- 20 g Cashewnüsse
- 50 g Friséesalat
- 6 Scheiben Sandwich Toast
- 6 Scheiben geräucherte Hühnerbrust

VORBEREITUNG

1. Den Ingwer schälen und reiben. Den Koriander hacken. Mit saurer Sahne, Curry und Salz mischen. Die Mangos schälen. Schneiden Sie das Fruchtfleisch in dünne Scheiben vom Stein. Cashewnüsse hacken, rösten. Den Frisée-Salat waschen, trocken tupfen. Schneiden Sie die Kruste vom Toast ab. Rollen Sie den Toast flach mit einem Nudelholz.

2. Die Toastscheiben mit Curry-Sauerrahm bestreichen. Salat, Mangoscheiben, Cashewnüsse, Hühnerbrust und Salat erneut auf drei Scheiben verteilen. Dann die restlichen Toastscheiben darauf legen, nach unten drücken und die Tramezzini diagonal schneiden.

CLUB SANDWICH MIT DER TÜRKEI

Portionen: 6

ZUTATEN

- 8 dünne Speckstreifen
- 4 mittelgroße Tomaten
- 400 g geräucherte Putenbrust
- 9 Scheiben Toast für ein amerikanisches Sandwich
- 3 Eier (Klasse L), hart gekocht
- 50 g Mayonnaise
- 40 g Senf
- 100 g Eisbergsalat

VORBEREITUNG

1. Braten Sie den Speck knusprig an. Tomaten waschen und in 1 cm dicke Scheiben schneiden. Die Putenbrust in 1/2 cm dicke Scheiben schneiden.

2. Braten Sie bei Bedarf auf beiden Seiten Toastscheiben unter dem Grill. Schneiden Sie die Eier in dünne Scheiben.

3. Drei Toastscheiben mit Mayonnaise und Senf bestreichen. Legen Sie ein Salatblatt auf den Senftoast, die Tomaten und schließlich eine Scheibe Putenbrust. Setzen Sie eine reine Scheibe Toast auf. Die Oberseite mit Senf bestreichen. Eisbergsalat, Eierscheiben, Speck und Putenbrust aufstapeln. Mit dem Mayonnaise-Toast mit der beschichteten Seite nach unten abschließen.

4. Drücken Sie die Sandwiches mit leichtem Druck nach unten zusammen. Verwenden Sie ein scharfes Messer, um es diagonal zu vierteln (von Spitze zu Spitze) und stecken Sie es gegebenenfalls mit Zahnstochern fest. Auf einer Platte anrichten.

SALTIMBOCCA SANDWICH MIT PARMESAN UND TOMATEN

Portionen: 10

ZUTATEN

- 5 dünnes Kalbsschnitzel, ca. Jeweils 100 g
- 1 Knoblauchzehe
- 4 EL Öl
- Salz-
- Pfeffer aus der Mühle
- 1 Topf Basilikum
- 200 g Joghurt-Frischkäse
- 3 EL geriebener Parmesan
- 400 g Flaschentomaten
- 5 Scheiben Parmaschinken

- 10 Scheiben Sandwich Toast

VORBEREITUNG

1. Schneiden Sie das Schnitzel quer in zwei Hälften. Knoblauch schälen und hacken. Das Öl erhitzen, das Schnitzel auf jeder Seite 1 Minute in Portionen braten, mit Salz, Pfeffer würzen und auf Küchenpapier abkühlen lassen.

2. Zupfen Sie das Basilikum. Die Hälfte der Blätter fein hacken und mit Frischkäse, Parmesan, Knoblauch, etwas Salz und Pfeffer mischen. Tomaten waschen, putzen und in Scheiben schneiden.

3. Den Schinken kreuzweise halbieren. Frischkäse auf Toast verteilen. Die Hälfte der Toastscheiben mit Schnitzel, Schinken, Tomaten und Basilikum bedecken. Legen Sie die restlichen Toastscheiben mit der beschichteten Seite nach unten und drücken Sie darauf. Sandwiches einzeln in Frischhaltefolie einwickeln und ca. 3 Stunden im Kühlschrank lagern. Die Folie mit einem scharfen Messer halbieren und in Kartons servieren.

CREAM CHEESE BAGELS

Portionen: 8

ZUTATEN

- 400 g Doppelfrischkäse
- 6 Teelöffel Meerrettich
- Salz-
- 1 Mango
- 2 gelbe Paprika
- 8 Blatt Friséesalat
- 2 Betten rote Kresse (alternativ 2 Betten Kresse)
- 8 Sesambagels

VORBEREITUNG

1. Mischen Sie den Frischkäse mit Meerrettich und Salz. Die Mango schälen, den Stein entfernen und die Mango in dünne Scheiben schneiden. Paprika putzen,

waschen und in Streifen schneiden. Die Frisée-Blätter waschen und trocken tupfen. Schneiden Sie die Kresse vom Bett.

2. Bagels quer halbieren. Beide Seiten mit Frischkäse bestreichen. Die untere Hälfte mit Mango, Paprika, Frisée und Kresse bedecken. Deckel aufsetzen.

BAGUETTE ROLLS MIT MACKEREL CREAM

Portionen: 4

ZUTATEN

- 300 g geräuchertes Makrelenfilet
- 2-3 Esslöffel Salatcreme mit Joghurt
- 1-2 Teelöffel Zitronensaft
- 1/2 Bund Dill
- 1 Teelöffel eingelegte grüne Pfefferkörner
- Salz-
- 4 kleine Baguettebrötchen
- 2 Beefsteak-Tomaten
- 4-5 Rucola-Blätter
- 4-5 Blätter Löwenzahn (oder Endivien)

VORBEREITUNG

Lösen Sie das Makrelenfilet von der Haut und entfernen Sie vorsichtig alle verbleibenden Knochen. Das Filet mit einer Gabel oder einem Stabmixer hacken. Salatcreme und Zitronensaft einrühren. Den Dill hacken. Die Pfefferkörner abtropfen lassen und grob hacken. Rühren Sie den Dill und den Pfeffer in die Makrelencreme und würzen Sie die Sahne mit Salz.

Schneiden Sie die Brötchen horizontal und verteilen Sie die Creme auf beiden Seiten. Tomaten putzen, in Scheiben schneiden. Rakete und Löwenzahn reinigen. Mit den Tomaten auf dem Baguettebrötchen verteilen. Falten Sie die Brötchenhälften zusammen.

TRAMEZZINI MIT FRISCHEM ZIEGENKÄSE, DATEN UND ERDBEEREN

Portionen: 6

ZUTATEN

- 6 frische Ziegenkäse-Taler, z. B. B. Picandou
- 60 g frische Datteln (oder getrocknet)
- 1 unbehandelter Kalk
- 1 Knoblauchzehe
- 5 Stängel Zitronenmelisse
- Cayenne Pfeffer
- Salz-
- 20 g Pinienkerne
- 80 g Erdbeeren
- 6 Blätter heller Eichenblattsalat

- 6 Scheiben Sandwich Toast

VORBEREITUNG

1. Ziegenkäse in eine Schüssel geben. Die Datteln entkernen und das Fruchtfleisch fein würfeln. Waschen Sie die Limette, tupfen Sie sie trocken und reiben Sie die Schale ab. Drücken Sie den Saft einer halben Limette aus. Knoblauch schälen und hacken. Zitronenmelisse waschen und fein hacken. Die Datteln, den Limettensaft, die Schale, den Knoblauch, den Zitronenmelisse, den Cayennepfeffer und das Salz zum Ziegenkäse geben und cremig rühren.

2. Die Pinienkerne goldbraun rösten. Erdbeeren putzen, waschen und in Scheiben schneiden. Reinigen Sie den Salat, waschen Sie ihn und pflücken Sie ihn in Stücke. Schneiden Sie die Kruste vom Toast ab. Rollen Sie die Scheiben mit einem Nudelholz flach.

3. Alle Toastscheiben mit Dattelziegenkäse bestreichen. Drei Scheiben mit Pinienkernen bestreuen und mit Salat und Erdbeeren belegen. Die restlichen Toastscheiben darauf legen und nach unten drücken. Schneiden Sie die Tramezzini diagonal.

PEANUT MEATBALLS MIT AVOCADO SANDWICH

Portionen: 2

ZUTATEN

- 1 rote Chilischote
- 2 EL geröstete Erdnüsse
- 5-6 Minzblätter
- 1 Schalotte
- 225 g Hackfleisch
- 2 Teelöffel mildes Curry
- Salz-
- 2 Esslöffel Öl
- 1/2 reife Avocado
- 3 EL Zitronensaft
- 2 Scheiben Sandwichbrot
- 1/4 Römersalat

- 50 g Salatcreme
- 1 kleine Knoblauchzehe
- Tabasco
- 20 g Parmesan
- 2-3 Rebentomaten

VORBEREITUNG

1. Chili putzen und fein würfeln. Erdnüsse in kleine Stücke schneiden. Minze fein hacken. Schalotte fein würfeln. Alles gut mit Hackfleisch, Curry und Salz mischen. Die Fleischmischung in vier Fleischbällchen formen. Bei mittlerer Hitze 3 Minuten auf jeder Seite in heißem Öl goldbraun braten.

2. Die Avocado schälen und in große Stücke schneiden. 1 EL Zitronensaft und Salz hinzufügen und mit einer Gabel fein pürieren. Die Sandwichscheiben mit entsprechend geschnittenen Salatblättern bedecken, mit der Avocadocreme bestreichen, halbieren und in Frischhaltefolie einwickeln.

3. Mischen Sie die Mayonnaise mit dem restlichen Zitronensaft, Knoblauch, Tabasco und Salz und gießen Sie sie in einen verschließbaren Behälter. Den Parmesan in Scheiben schneiden, mit dem Rest des Salats in eine Schachtel geben und kurz vor dem Essen mit dem Dressing beträufeln. Nehmen Sie auch die Sandwiches, Fleischbällchen und Tomaten weg.

TRAMEZZINI MIT LACHS UND KAROTTEN

Portionen: 8

ZUTATEN

- 100 g Karotten
- 2 Bund Koriander
- 1 walnussgroßes Stück Ingwer
- 1 Knoblauchzehe
- 1 unbehandelter Kalk
- 150 g Räucherlachs in hauchdünnen Scheiben
- 8 Scheiben Sandwich Toast
- 80 ml süße und scharfe Chilisauce (aus dem asiatischen Laden)

VORBEREITUNG

1. Karotten schälen, waschen, trocknen und in Scheiben schneiden. Koriander waschen, trocken tupfen und die Blätter entfernen. Den Ingwer schälen und reiben. Knoblauch schälen und fein würfeln. Waschen Sie die Limette, tupfen Sie sie trocken und reiben Sie die Schale dünn. Die Limette halbieren und den Saft auspressen. Den Lachs in lange, 4 cm breite Streifen schneiden. Mischen Sie den Lachs mit Ingwer, Knoblauch, Limettensaft und Schale und Koriander.

2. Schneiden Sie die Kruste vom Toast ab. Rollen Sie jede Scheibe flach mit einem Nudelholz. Eine dünne Schicht Chilisauce auf alle Toastscheiben verteilen. Dann bedecken Sie vier Scheiben mit der Hälfte des Korianders, Lachs, in Scheiben geschnitten.Karotten, der Rest der Chilisauce und der restliche Koriander. Legen Sie die restlichen beschichteten Toastscheiben darauf und drücken Sie sie leicht nach unten. Schneiden Sie die Tramezzini diagonal mit einem elektrischen Messer und dekorieren Sie sie nach Belieben mit Karottenscheiben und Korianderblättern.

BRATEN- UND KOHLENSALAT

Portionen: 8

ZUTATEN

- 1,5 kg Schweinebauch mit Schale
- Salz-
- 1,5 EL Kümmel
- 400 g Weißkohl
- 3 EL Apfelessig
- 4 l Pflanzenöl
- weißer Pfeffer aus der Mühle
- 6 EL süßer Senf
- 4 EL Sahne Meerrettich
- 8 Roggenröllchen
- 1 Bund Schnittlauch in Brötchen
- einige Salatblätter

VORBEREITUNG

1. Heizen Sie den Backofen auf 230 Grad vor. Die Rinde rautenförmig einkerben. Gießen Sie 1 Liter kochendes Wasser darüber. Reiben Sie den Braten mit je 1 Esslöffel Salz und Kümmel ein. Schieben Sie eine mit Wasser gefüllte Auffangwanne auf die untere Schiene des Ofens. Legen Sie ein Gitter auf die Auffangwanne. Legen Sie den Braten mit der Schale nach unten darauf und kochen Sie ihn 1 Stunde lang. Drehen Sie ihn nach 30 Minuten um. Drehen Sie den Ofen auf 180 Grad und kochen Sie den Braten weitere 2 Stunden. Fügen Sie gegebenenfalls Wasser hinzu.

2. Den Weißkohl in dünne Scheiben schneiden. Mit etwas Salz gut kneten. Nach 30 Minuten die restlichen Kümmel, Essig, Öl und Pfeffer untermischen. Senf und Meerrettich mischen. Die Rolle halbieren und mit Senf-Meerrettich bestreichen. Den Braten in Scheiben schneiden und auf die unteren Hälften des Brötchens legen. Mit Schnittlauch, Weißkohl und Salat servieren, die oberen Hälften darauf legen. Der Burger schmeckt auch gut mit gekauften Braten.

RINDERBRATEN-SANDWICH

Portionen: 4

ZUTATEN

- 80 g Artischockenherzen in Öl
- 2 Tomaten
- 4 Vinschgauer Brotkuchen
- Ciabatta-Brot)
- 50 g Kräuterbutter
- 250 g gekochtes Roastbeef
- 8 EL Soße (vom Vortag)
- 2 Stiele Basilikum
- Salz-
- schwarzer Pfeffer aus der Mühle

VORBEREITUNG

1. Die Artischocken abtropfen lassen und die Tomaten in Scheiben schneiden. Das Brot im Ofen backen.

Schneiden Sie eine Tasche in jedes Fladenbrot. Mit Kräuterbutter bestreichen. Das Roastbeef in dünne Scheiben schneiden. Die Sauce leicht erwärmen. Zupfen Sie die Basilikumblätter.

2. Das Brot mit Tomaten, Artischocken, Roastbeef und Basilikum füllen, mit Salz und Pfeffer würzen. Die Sauce darauf verteilen.

BAGUETTE ROLLS MIT RAKETEN- UND KIRSCHENTOMATEN

Portionen: 8

ZUTATEN

- 200 g Rakete
- 200 g Kräuterquark
- Salz-
- Pfeffer aus der Mühle
- 200 g Kirschtomaten
- 200 g Mini-Mozzarella-Kugeln
- 4 EL Olivenöl
- 10 Baguette-Brötchen
- 5 EL geriebener Parmesan

Ebenfalls:

- 10 Holzspieße

VORBEREITUNG

1. Reinigen, waschen und schleudern Sie die Rakete. Die Hälfte der Rucola hacken, mit dem Quark, etwas Salz und Pfeffer mischen. Die Kirschtomaten waschen und trocken tupfen, die Mozzarella-Kugeln abtropfen lassen. Kleben Sie beide abwechselnd auf Holzspieße. Salz und Pfeffer mit Olivenöl beträufeln.

2. Schneiden Sie die Oberseite des Baguette-Brötchens ab (wie ein Hot-Dog-Brötchen). Die Innenseite mit dem Raketenquark bestreichen, die restliche Rakete auf den Brötchen verteilen, die Spieße hineinstecken, mit Parmesan und Pfeffer bestreuen. Transport in Pergament eingewickelt.

GEMÜSE SANDWICH

Portionen: 4

ZUTATEN

- 30 g Sesam
- 400 g Frischkäse
- Salz-
- Cayenne Pfeffer
- 8 Scheiben Vollkornsandwich
- 100 g makellose Spinatblätter
- 250 g Clementinen
- 350 g Karotten
- 600 g Fenchel
- 4 EL Zitronensaft
- 2 EL Olivenöl
- 2 Betten Kresse

VORBEREITUNG

1. Toasten Sie die Sesamkörner. Mischen Sie 2/3 davon mit dem Frischkäse, Salz und Cayennepfeffer, bis sie glatt sind. Die Brotscheiben damit bestreichen.

2. Spinatblätter waschen, reinigen und abtropfen lassen, Clementine schälen und längs halbieren. Karotten und Fenchel putzen und grob separat reiben. Das Fenchelgrün fein hacken und mit dem Fenchel mischen. Jeweils mit 2 EL Zitronensaft, 1 Esslöffel Olivenöl, Salz und Cayennepfeffer mischen.

3. Zuerst 4 Brotscheiben mit Spinatblättern bedecken. Die Karotten, die Clementine, den restlichen Sesam, den Fenchel und die Kresse darauf legen. Mit den restlichen Brotscheiben abschließen. Wickeln Sie die Sandwiches fest in Frischhaltefolie und lassen Sie sie 2 Stunden lang ruhen. Auspacken und diagonal in Dreiecke schneiden. In Servietten einwickeln und in handfertigen Schalen mit der Schnittfläche nach oben anordnen.

HÜHNCHENBURGER MIT APFEL UND BASIL SALSA

Portionen: 4

ZUTATEN

- 4 kleine Hähnchenbrustfilets ca. Jeweils 100 g
- Salz-
- schwarzer Pfeffer aus der Mühle
- 2 EL Olivenöl
- 1 EL Butter
- 1 großer säuerlicher Apfel
- Saft und geriebene Schale von 1 Bio-Zitrone
- grob gemahlene Chilis
- Zucker
- 2 Stiele Basilikum
- 4 Haferbrötchen
- 4-6 EL Salat Mayonnaise

- 4 Blätter Römersalat

VORBEREITUNG

Das Huhn salzen und pfeffern. Öl und Butter in einer Pfanne erhitzen. Die darin enthaltenen Hähnchenfilets bei mittlerer Hitze 8-10 Minuten braten, bis sie goldbraun sind. Wickeln Sie die Filets in Aluminiumfolie und legen Sie sie beiseite.

Den Apfel schälen und entkernen und sehr fein würfeln. Mischen Sie mit 2 Esslöffel Zitronensaft, 1 Prise Zitronenschale und 1 Prise Chili. Fügen Sie Zucker hinzu, um zu schmecken. Die Basilikumblätter von den Stielen nehmen und in sehr feine Streifen schneiden. Mit den Apfelwürfeln mischen.

Schneiden Sie die Rollen auf. Mischen Sie die Mayonnaise mit Salz, Pfeffer, 1 Teelöffel Zitronenschale und 1 Prise Chili. Die Salatblätter kreuzweise in Streifen schneiden. Hähnchenfilet in Scheiben schneiden. Die unteren Hälften des Brötchens mit der Mayonnaise bestreichen und mit den Hühnchenscheiben, Apfel-Basilikum-Salsa und Salatstreifen bestreichen. Beenden Sie mit den Brötchenoberteilen.

SPANISCHE BAGUETTE MIT MANDELN UND PFEFFERN

Portionen: 10

ZUTATEN

- Jeweils 3 rote und 3 gelbe Paprika
- 50 g gehackte Mandeln
- 50 g schwarze Oliven ohne Steine
- 1 Bund Petersilie
- 100 g Butter
- 2 EL Paprikapaste (Ajvar)
- Salz-
- Pfeffer aus der Mühle
- 10 Baguette-Brötchen
- 10 Scheiben Manchego-Käse

Ebenfalls:

- kleine Spieße

VORBEREITUNG

1. Paprika reinigen, waschen und vierteln. Mit der Haut nach oben auf ein Backblech legen. Unter dem vorgeheizten Grill grillen, bis die Haut schwarz wird und Blasen bildet. Die Paprika in einen Gefrierbeutel geben und 10 Minuten stehen lassen.

2. Braten Sie die Mandeln in einer Pfanne ohne Fett. Oliven würfeln. Zupfen Sie die Petersilie und hacken Sie die Hälfte. Mischen Sie die weiche Butter und Paprikapaste und rühren Sie die restlichen Zutaten ein. Salz und Pfeffer.

3. Hautpaprika. Das Brötchen halbieren. Innen mit Butter bestreichen. Den Boden mit Paprika, Käse und den restlichen Petersilienblättern bedecken. Legen Sie die Deckel darauf und sichern Sie sie mit Spießen. Transport in Pergamentbeuteln.

CHICKPEAS, CURRY & FRIED EGG

Portionen: 4

ZUTATEN

- 175 g Kichererbsen in Dosen
- 2 rote Zwiebeln
- 125 g Kirschtomaten
- 3 EL Olivenöl
- 1 EL mildes Curry
- 1 Teelöffel Schwarzkümmel (alternativ
- 1/2 Teelöffel schwarzer Pfeffer, grob gemahlen)
- 1/2 TL Chiliflocken
- 2 EL Zitronensaft
- Salz-
- 4-5 Minzblätter

- 1/2 Bund flache Petersilie
- 200 g griechischer Sahnejoghurt
- 1 Fladenbrot
- 4 Eier

VORBEREITUNG

Joghurt glatt rühren. Das Fladenbrot durchschneiden und in 8 gleiche Stücke schneiden. Braten (oder rösten) Sie das Brot unter dem Grill goldbraun. Braten Sie die Eier im restlichen Öl als Spiegeleier in einer beschichteten Pfanne und salzen Sie sie dann leicht. Alle Brothälften mit dem Joghurt bestreichen. Die Kichererbsenmischung und die Spiegeleier auf die unteren Hälften legen. Die oberen Brothälften darauf legen und servieren.

Die Kichererbsen in einem Sieb abtropfen lassen. Zwiebeln schälen und grob schneiden. Tomaten halbieren und entkernen. Die Zwiebeln kräftig in 2 EL heißem Olivenöl schmoren. Curry, Schwarzkümmel und Chiliflocken kurz anbraten. Kichererbsen, Tomaten und Zitronensaft hinzufügen, mit Salz abschmecken und ca. 5-6 Minuten kochen lassen. Minze fein hacken. Die Petersilie grob hacken. Mit der Minze zu den Zwiebeln geben.

PITTA MIT STEAK

Portionen: 4

ZUTATEN

- 1 Bund Petersilie
- 1 Bund Minze
- 200 ml Crème Fraîche
- 3 Teelöffel gemahlener Kreuzkümmel (Kreuzkümmel)
- 1 EL süßes Paprikapulver
- 4 Fladenbrote
- 3 Rindersteaks zu je 140 g
- Pfeffer aus der Mühle

VORBEREITUNG

1. Heizen Sie den Ofen auf 200 Grad vor (Konvektion 180 Grad). Petersilie und Minze abspülen und trocken schütteln. Zupfe Blätter. Crème Fraîche mit

Kreuzkümmel und Paprika mischen, mit Salz abschmecken.

2. Legen Sie die Fladenbrote in den Ofen auf einen Rost und backen Sie sie 5 Minuten lang. Das Fleisch von beiden Seiten mit Salz und Pfeffer würzen. Öl in einer großen Pfanne erhitzen. Die Steaks auf beiden Seiten 2 Minuten lang sehr heiß braten. Auf ein Brett legen und in Streifen schneiden.

3. Nehmen Sie das Brot aus dem Ofen. Mit Kräutern, Fleisch und Sahne füllen und sofort servieren.

EISALAT SANDWICH

Portionen: 4

ZUTATEN

- 4 Eier
- 80 g Sellerie
- 2 Gurken
- 1/2 Bund Schnittlauch
- 1/2 Bund flache Petersilie
- 1 kleiner saurer Apfel (zB Boscop)
- 75 g saure Sahne
- 75 g frische Mayonnaise
- 1 1/2 TL Senf
- Salz-
- Pfeffer
- 1 Prise Zucker
- 8 Salatblätter
- 8 Sandwich-Toastscheiben

VORBEREITUNG

1. Eier hart kochen. Abschrecken und abkühlen lassen. Dann würfeln. Sellerie putzen, waschen und in feine Scheiben schneiden. Die Gurke würfeln. Kräuter waschen. Schnittlauch in Rollen schneiden. Petersilie fein hacken. Achtens, Kern und schneiden Sie den Apfel in dünne Scheiben.

2. Mischen Sie die Eierwürfel, Gurken, Kräuter, Sauerrahm, Mayonnaise, Senf, Salz, Pfeffer und Zucker. Salatblätter waschen und abtupfen. Decken Sie 4 Sandwichscheiben mit je einem Salatblatt ab. Den Eiersalat, die Apfelscheiben und den Sellerie darauf verteilen. Legen Sie das Salatblatt darauf und bedecken Sie es mit einer Sandwichscheibe. Diagonal schneiden und anordnen.

CLUB SANDWICH MIT EI

Portionen: 2

ZUTATEN

- 6 Scheiben Sandwich Toast
- Butter zum Bürsten
- 2 2 kleine Hähnchenbrustfilets
- 1 große Beefsteak-Tomate
- 1 Ei, hart gekocht
- 4 Blätter Eisbergsalat
- 4 dünne Speckscheiben (Frühstücksspeck)
- 2 EL Mayonnaise
- 3 EL Joghurt
- Salz-
- schwarzer Pfeffer aus der Mühle
- 2 Teelöffel Zitronensaft
- auch: Holzspieße

VORBEREITUNG

1. Toasten Sie den Toast goldbraun. Mit Butter dünn bestreichen. Entfernen Sie das Zitronenhähnchen von den Knochen und schneiden Sie das Fleisch in Scheiben. Tomaten abspülen und trocken reiben. Die Tomate in Scheiben schneiden. Das Ei schälen und in dünne Scheiben schneiden. Den Eisbergsalat abspülen, trocken tupfen und in mundgerechte Stücke zupfen. Den Speck in einer fettfreien Pfanne knusprig braten. Auf Küchenpapier abtropfen lassen.

2. Mayonnaise und Joghurt mischen. Mit Pfeffer, Salz und Zitronensaft abschmecken.

3. 2 Scheiben Toast mit Tomaten- und Eisbergsalat bedecken. Mit jeweils 1 weiteren Toastscheibe bedecken. Das Hähnchen, den knusprigen Speck und die Eierscheiben darauf verteilen. Gießen Sie die Mayonnaise darauf und beenden Sie mit den restlichen Toastscheiben. Mit den Holzspießen befestigen, auf Tellern anrichten und sofort servieren.

Sandwiches mit Meerrettichcreme und Braten

Portionen: 12

ZUTATEN

- 30 g Meerrettichwurzel
- 200 g Joghurt-Frischkäse
- geriebene Schale von 1/2 unbehandelter Zitrone
- 2 Teelöffel Zitronensaft
- Salz-
- Pfeffer aus der Mühle
- 4 Gurken
- 4 reife Flaschentomaten
- 6 große Salatblätter
- 12 Scheiben dunkler Sonnenblumenkerne oder Vollkornbrot (quadratisch)
- 200 g Schweinebraten Aufschnitt

VORBEREITUNG

1. Meerrettich schälen und fein reiben, sofort mit Frischkäse, Zitronenschale und Zitronensaft mischen. Mit Salz und Pfeffer abschmecken. Die Gurke in dünne Scheiben schneiden. Die Tomaten putzen und in dünne Scheiben schneiden. Salatblätter waschen und trocken tupfen.

2. Die Brotscheiben mit der Meerrettichcreme bestreichen. 6 Scheiben mit Salat bedecken. Bratenscheiben darauf legen. Großzügig mit Tomaten und Essiggurkenscheiben bedecken. Legen Sie die restlichen 6 Brotscheiben mit der beschichteten Seite nach unten darauf und drücken Sie sie fest nach unten. Die Sandwiches halbieren, fest in Frischhaltefolie einwickeln, mit einem Brett beschweren und in den Kühlschrank stellen. Transport in Lebensmittelboxen.

TRAMEZZINI MIT AVOCADO UND FIG

Portionen: 8

ZUTATEN

- 1 reife Avocado
- Saft und Schale von 1/2 unbehandelter Limette
- 1 Teelöffel Honig
- Salz-
- 4 Stiele Zitronenmelisse
- 3 frische Feigen
- 1/2 Granatapfel
- 150 g Manchego-Käse
- 8 Blätter heller Eichenblattsalat
- 8 Scheiben Sandwich Toast

VORBEREITUNG

1. Die Avocado schälen und halbieren. Stein entfernen, Fruchtfleisch hacken. Mit Limettensaft, Zitronenschale, Honig und Salz pürieren. Zitronenmelissenblätter zupfen, hacken, einrühren.

2. Schneiden Sie die Feigen in Keile. Entfernen Sie die Granatapfelkerne. Käse in Scheiben schneiden. Salat waschen. Schneiden Sie die Kruste des Toasts ab. Rollen Sie die Scheiben flach mit dem Nudelholz.

3. Den Toast mit Avocadopüree bestreichen. Decken Sie vier Toastscheiben mit der Hälfte der Feigen, Salat, Käse, Granatapfelkernen und den restlichen Feigen ab. Legen Sie den restlichen Toast darauf und schneiden Sie die Tramezzini diagonal.

KÄSE- UND GEMÜSEBLÄTTER

Portionen: 8

ZUTATEN

- 200 g Paprika, Mischfarben
- 2 Esslöffel Öl
- Salz-
- Pfeffer
- 1 Bund Schnittlauch
- 100 g Doppelfrischkäse
- 100 g Kräuterquark
- 8 Scheiben knuspriges Brot
- 8 Scheiben Emmentaler
- 1/2 Gurke

VORBEREITUNG

Paprika putzen, waschen und fein würfeln. 2-3 Minuten im Öl anbraten, mit Salz und Pfeffer würzen und

abkühlen lassen. Schnittlauch in kleine Brötchen
schneiden. Frischkäse und Quark mischen, Paprika und
Schnittlauch dazugeben, mit Salz und Pfeffer würzen.
Das Brot kurz rösten und mit der Sahne bestreichen.
Den Käse auf 4 Scheiben verteilen. Die Gurke waschen,
in dünne Scheiben schneiden und auf den Käse legen.
Mit den restlichen Scheiben bedecken, halbieren und
zum Transport fest in Folie einwickeln.

CHEDDAR UND MANGO CHUTNEY SANDWICH

Portionen: 6

ZUTATEN

- 80 Gramm Speck
- 8 Salatblätter
- 1 kleine Gurke
- 4 Minzstiele
- 1 große reife Nektarine
- 150 g Mango-Chutney
- 150 g Cheddar-Käse (alternativ Emmentaler)
- 8 Sandwich-Tomatenscheiben
- 80 g Butter

VORBEREITUNG

1. Den Speck in feine Streifen schneiden und in einer Pfanne knusprig braten. Salatblätter waschen und trocken tupfen. Die Gurke waschen und in sehr feine Scheiben schneiden. Die Minze waschen, die Blätter zupfen und in feine Streifen schneiden. Die Nektarine halbieren, den Stein entfernen und das Fruchtfleisch in Keile schneiden. Mischen Sie die Nektarinen mit dem Mango-Chutney.

2. Den Cheddar fein schneiden. Eine dünne Schicht Butter auf die Sandwichscheiben verteilen. Auf 4 Toastscheiben etwas Salat, Käse, Gurkenscheiben, Nektarinenschnitze und Speck verteilen. Gießen Sie den Rest des Salats darüber und beenden Sie mit einer Sandwich-Toastscheibe. Dann alle diagonal abschneiden und servieren.

CLUB SANDWICH

Portionen: 1

ZUTATEN

- 1 Ei, Kl. M, sehr frisch
- 160 ml Keimöl
- Saft von 0,5 Zitrone
- 1 Hähnchenbrustfilet, klein
- Salz-
- schwarzer Pfeffer aus der Mühle
- 4 Scheiben Speck in dünnen Scheiben
- 3 Scheiben Sandwich Toast
- 1 Beefsteak-Tomate, groß
- 2 Blätter Salat, groß
- 4 Cocktailpflücker

VORBEREITUNG

Für erfahrene Köche: Das Ei in einer Schüssel schlagen. Gießen Sie 150 ml Keimöl in einem sehr dünnen Strahl mit einem Schneebesen unter ständigem Rühren in das Ei und schlagen Sie es zu einer dicken Mayonnaise.

Und für Neulinge: Das Ei zusammen mit 150 ml Öl in eine hohe Rührschüssel geben und mit dem Stabmixer schlagen, bis die dicke Mayonnaise entsteht. Mit Zitronensaft abschmecken. Tipp: Für hausgemachtes Mayo sollten die Eier so frisch wie möglich sein.

Das Huhn mit Salz und Pfeffer würzen. 1 Esslöffel Öl in einer Pfanne erhitzen und das Filet bei mittlerer Hitze 8-10 Minuten braten, dabei wenden. Auf einen Teller geben und beiseite stellen. Den Speck im Bratfett bei mittlerer Hitze auf beiden Seiten ca. 2 Minuten braten, bis er knusprig und braun ist. Auf Papiertüchern abtropfen lassen.

Toast Toast auf die gewünschte Bräune. In der Zwischenzeit die Tomate quer in Scheiben schneiden. Schneiden Sie auch das Hähnchenbrustfilet diagonal in Scheiben. Legen Sie alle Toastscheiben übereinander und schneiden Sie die Rinde ringsum ab. Mayonnaise auf 2 Toasts verteilen, mit etwas Salat und 2 Scheiben Tomaten und Speck belegen, dann 3 Scheiben Hühnerbrust. Legen Sie sie übereinander und beenden Sie mit dem dritten Toast. Drücken Sie das Club Sandwich sehr leicht zusammen und schneiden Sie es diagonal mit einem großen Messer. Pin jede Hälfte mit 2 Cocktail Pickern. So einfach ist das Original-Club-Sandwich-Rezept aus New York!

SCHINKENSANDWICH

Portionen: 6

ZUTATEN

- 6 Blätter Römersalat
- 200 g Tomaten
- 60 g Meerrettichwurzel
- 12 Scheiben Speck
- 12 Scheiben Toast
- 50 g Mayonnaise
- 4 EL Senf
- 6 Scheiben gekochter Schinken

VORBEREITUNG

1. Waschen Sie den Salat und pflücken Sie ihn in große Stücke. Die Tomaten in 1 cm dicke Scheiben schneiden. Meerrettich waschen, schälen und fein reiben. Lassen Sie den Speck in einer Pfanne.

2. 6 Scheiben Toast mit Mayonnaise, 6 mit Senf bestreichen. Alle Scheiben mit Meerrettich bestreuen. Zuerst die Salatblätter, dann die Tomaten- und Speckscheiben und den gekochten Schinken auf 6 Scheiben teilen. Mit den restlichen Brotscheiben bedecken. Mit Zahnstochern sichern und diagonal halbieren. Sandwiches fest in Frischhaltefolie einwickeln.

WEASEL SANDWICH

Portionen: 12

ZUTATEN

- 500 g Hähnchenbrustfilets
- Salz-
- Pfeffer
- 2 Esslöffel Öl
- 2 rote Paprika (400 g)
- 1 Kopf Lollo Rosso Salat
- 6 amerikanische Mega-Burger (zB von Golden Toast)
- 100 g gesalzene Erdnussbutter
- 100 g Cashewnüsse, geröstet
- 12 Holzspieße
- 12 Kirschtomaten
- 1 kleine Tube Mayonnaise
- 12 schwarze Pfefferkörner

VORBEREITUNG

1. Hähnchenbrustfilets mit Salz und Pfeffer würzen. Das Öl in einer Pfanne erhitzen, die Hähnchenbrust ca. 3 Minuten auf jeder Seite, weiter braten für ca. 10 Minuten bei milder Hitze.

2. Paprika reinigen und in dünne Streifen schneiden. Den Salat waschen, trocken schleudern und in kleine Stücke schneiden.

3. Burger aufschneiden, ca. 2 Minuten. Beide Hälften mit Erdnussbutter bestreichen. Hähnchenbrust in Scheiben schneiden. Verteilen Sie zuerst den Salat und dann die Hähnchenbrustscheiben auf den unteren Hälften des Sandwichs. Cashewnüsse und Paprikastreifen darüber streuen, Deckel aufsetzen. In der Mitte schneiden, 2 Spieße einsetzen. Für die "Augen" eine Tomate auf jeden Spieß kleben, mit je 1 Mayonnaise-Tupfer und 1 schwarzen Pfefferkorn formen.

HÜHNCHENSANDWICHES

Portionen: 4

ZUTATEN

- Pflaumenmarmelade
- Chilisoße
- Geschredderte Karotten
- Mango
- Hühnerbrust
- Koriandergrün
- Sandwich Toast

VORBEREITUNG

1. Mischen Sie die Pflaumenmarmelade mit der Chilisauce. Verteile es auf Brot. Mit zerkleinerten Karotten, Mango, Hühnerbrust und Koriandergrün belegen und abdecken.

PIMENTO KÄSE SANDWICHES

Portionen: 12

ZUTATEN

- 1 kleiner roter Pfeffer (ca. 170 g)
- 1 Selleriestange (ca. 80 g)
- 1 Bund frischer Koriander
- 150 g Cheddar-Käse
- 200 g Frischkäse
- 50 g Mayonnaise
- 2 Teelöffel süßes Paprikapulver (geräuchert)
- 0,5 TL gemahlener Kreuzkümmel (Kreuzkümmel)
- grüne Tabasco-Sauce
- Salz-
- schwarzer Pfeffer aus der Mühle
- 12 Scheiben Toast

VORBEREITUNG

Paprika vierteln und putzen. Mit der Schale nach oben auf ein Backblech legen und ca. 10 Minuten unter dem Grill braten, bis die Schale zu sprudeln beginnt. Lassen Sie den Dampf 5 Minuten lang in einem Gefrierbeutel aus, entfernen Sie die Schale und ziehen Sie sie ab. Das Fruchtfleisch in einen hohen Behälter geben und mit dem Mixer pürieren.

Den Sellerie fein würfeln. Die Korianderblätter zupfen und fein schneiden. Den Cheddar fein reiben. Frischkäse mit Mayonnaise, Paprikapulver und Kreuzkümmel mischen. Cheddar und genügend Paprikapüree einrühren, um eine streichfähige Creme zu erhalten. Die gewürfelten Sellerie- und Korianderblätter einrühren. Mit Tabasco, Salz und Pfeffer würzen. Abdecken und bis zum Servieren kalt stellen.

Die ca. 1 cm dicke Käsecreme auf 6 Toastscheiben verteilen und mit einer zweiten Toastscheibe bedecken. Dann schneiden Sie die Ränder ab und schneiden Sie die Sandwiches der Länge nach in zwei Hälften. Mit frischen Selleriestangen servieren, wenn Sie möchten.

SCRAMBLED EIERBROT MIT BASILIEN- UND SPECKVERBREITUNG

Portionen: 6

ZUTATEN

- 4 Scheiben Speck (in dünne Scheiben geschnitten .Frühstücksspeck)
- 1 Frühlingszwiebel
- Blätter von 1 Bund Basilikum
- 300 g Frischkäse
- Salz und schwarzer Pfeffer aus der Mühle
- 4 Eier (Klasse M)
- 50 ml Milch
- 1 EL Butter
- 1/2 Bund Radieschen

- 60 g Rakete
- 12 dicke Scheiben Sauerteigkrustenbrot

VORBEREITUNG

Den Speck in einer fettfreien Pfanne auf beiden Seiten bei mittlerer Hitze knusprig braten. Auf Papiertüchern abtropfen lassen und fein zerbröckeln. Reinigen Sie die Frühlingszwiebeln, entfernen Sie das Dunkelgrün und schneiden Sie den Rest in feine Ringe. Basilikum fein hacken. Mischen Sie beide mit Frischkäse und Speck, bis sie glatt sind. Mit Salz und Pfeffer würzen.

Eier, Milch, Salz und Pfeffer verquirlen. Erhitzen Sie die Butter in einer beschichteten Pfanne und braten Sie die Eier darin, um Rührei zu machen. Dann abkühlen lassen.

Reinigen Sie die Radieschen und schneiden oder schneiden Sie sie in dünne Scheiben. Sortieren Sie die Rakete und kürzen Sie die Stiele.

Den Frischkäse auf dem Brot verteilen. Die Hälfte der Scheiben mit 1/4 Rührei, Rucola und Radieschen bedecken, den Frischkäse auf die restlichen Scheiben legen. Bei Bedarf das Brot halbieren, in Pergament einwickeln und mit Küchengarn sichern. Rührei so kühl wie möglich transportieren.

SANDWICH MIT RATENRINDFLEISCH UND RADISHES

Portionen: 4

ZUTATEN

- 1 Gurke
- 1 Bund Schnittlauch
- 1 Bund Petersilie
- 100 g saure Sahne
- 2 Teelöffel Zitronensaft
- 4 Teelöffel süßer Senf
- Salz-
- Pfeffer
- Cayenne Pfeffer
- 8 Salatblätter

- 100 g Radieschen
- 8 Sandwich-Toastscheiben
- 40 g weiche Butter
- 20 feine Scheiben Roastbeef

VORBEREITUNG

1. Die Gurke sehr fein würfeln. Kräuter waschen und abtupfen. Schnittlauch in Rollen schneiden. Petersilie fein hacken. Gurke, Kräuter, Sauerrahm, Zitronensaft, Senf, Salz und Cayennepfeffer mischen. Salatblätter waschen und trocken schütteln. Radieschen in dünne Scheiben schneiden.

2. Die Sandwichscheiben mit Butter bestreichen. 4 Scheiben Toast mit Salat, Roastbeef und den Radieschenscheiben bedecken. Den Senf-Kräuter-Dip darauf verteilen. Legen Sie den Salat wieder darauf und belegen Sie die Sandwiches jedes Mal mit einer Scheibe Toast. Dann alle diagonal abschneiden und servieren.

KALTE AVOCADO-SUPPE MIT SHRIMP SANDWICHE

Portionen: 4

ZUTATEN

- 200 g Garnelen in Salzlake
- 2 kleine Frühlingszwiebeln
- 40 g geröstete, gesalzene Pistazien mit Schale
- 225 g griechischer Sahnejoghurt
- Salz-
- Cayenne Pfeffer
- 8 Scheiben Sandwich Toast
- 6 Stiele Basilikum
- 2 Stiele Minze
- 1 Bio-Zitrone
- 300 g reife Avocado
- 1 l Buttermilch, kalt

- schwarzer Pfeffer aus der Mühle
- 4 EL Olivenöl

VORBEREITUNG

Die Garnelen gut abtropfen lassen und mit
Papiertüchern trocken tupfen. Die Frühlingszwiebeln
putzen und in feine Ringe schneiden. Die Pistazien aus
der Schale nehmen und grob hacken, mit Joghurt
mischen und mit Salz und Cayennepfeffer würzen. Den
Toast mit Joghurt bestreichen, mit Frühlingszwiebeln
bestreuen. Die Garnelen auf 4 Scheiben verteilen und
mit dem restlichen Toast bedecken. Das Brot fest in
Frischhaltefolie einwickeln und 45 Minuten kalt stellen.

In der Zwischenzeit die Kräuterblätter zupfen und 2/3
grob hacken. Zitronenschale fein reiben, Zitrone
auspressen. Die Avocado halbieren, den Stein entfernen
und das Fruchtfleisch von der Haut entfernen. Mit
Buttermilch, gehackten Kräutern, 3 EL Zitronensaft
und der Schale fein pürieren, mit Salz und
Cayennepfeffer würzen.

Die Sandwiches entrinden und halbieren. Die restlichen
Kräuter fein hacken. Die Suppe mit Kräutern und
Pfeffer bestreuen, mit Olivenöl beträufeln. Mit den
Sandwiches servieren.

RÖSTEN-RINDFLEISCH-SANDWICHES

Portionen: 8

ZUTATEN

- 1 Gurke
- ein paar Blätter Friseesalat
- 8 Scheiben Sandwichbrot
- 8 EL Remoulade
- 1 Bett Kresse
- 250 g Roastbeef in dünne Scheiben geschnitten
- Salz-
- Pfeffer aus der Mühle

VORBEREITUNG

1. Die Gurke wie gewünscht schälen und in Scheiben schneiden. Salatblätter waschen und trocken tupfen.

2. Die Sandwichscheiben mit Sauce Tartar bestreichen. Top 4 davon mit Salatblättern, Gurkenscheiben, Kresse und Roastbeef. Mit Salz und Pfeffer bestreuen. Legen Sie die restlichen 4 Sandwichscheiben darauf und schneiden Sie das Brot diagonal in zwei Hälften.

3. Legen Sie die Sandwichhälften in Pergamentbeutel, um darauf zuzugreifen, und legen Sie die Beutel nebeneinander in Kartons. Sie sollten nicht umkippen können.

LOBSTER MACCHIATO MIT LOBSTER SANDWICHES

Portionen: 4

ZUTATEN

- 1 Hummer (900 g, lassen Sie den Händler kochen und loslassen, nehmen Sie gepanzerte Muscheln mit!)
- 4 EL Mayonnaise
- 4 Dillstangen, fein gehackt
- ein viertel Teelöffel fein geriebene Bio-Zitronenschale
- Cayenne Pfeffer
- Salz-
- 4 Scheiben Sandwichbrot
- 2 Salatblätter, in Streifen geschnitten
- 40 g Butter

- 2 Schalotten, gewürfelt
- 100 g Suppengrün, gewürfelt
- 1 EL Tomatenmark
- 3 Esslöffel Cognac
- 800 ml Hummerfond
- 260 ml Creme
- 1 EL schwarzer Sesam, geröstet
- Curry Pulver

VORBEREITUNG

Das Hummerfleisch fein würfeln. Mit Mayonnaise, der Hälfte des Dills und der Zitronenschale mischen. Mit Cayennepfeffer und Salz würzen. Die Brotscheiben damit bestreichen und den Salat darauf verteilen. 2 Scheiben zusammenfalten, fest in Frischhaltefolie einwickeln und 2 Stunden im Kühlschrank lagern.

Hummerschalen (ohne Innereien) hacken und in einem Topf mit Butter rösten. Zuerst die Schalotten und das Suppengrün rösten, dann die Tomatenmark kurz rösten und mit Cognac ablöschen. Die Brühe und 200 ml Sahne hinzufügen und alles mit Salz und Cayennepfeffer würzen. 20 Minuten köcheln lassen, dann durch ein feines Sieb gießen.

Den Rest des Dills mit den Sesamkörnern mischen. Sandwiches entrinden, halbieren und auf 2 Seiten in die Dillmischung eintauchen. Gießen Sie die Suppe in Tassen. Den Rest der Sahne schlagen, darüber streuen, mit Curry bestäuben. Sandwiches servieren.

Entenbrustsandwiches mit Zwiebelmarmelade

Portionen: 8

ZUTATEN

- 300 g Entenbrustfilet
- 2 Orangen
- 3 Knoblauchzehen
- 2 EL Sojasauce
- 300 g Zwiebeln
- 5 EL Öl
- 1 EL Butter
- 1 EL Koriandersamen
- 1 Stern Anis
- 2 EL Rohrohrzucker
- 80 ml Balsamico-Essig
- Salz-

- schwarzer Pfeffer aus der Mühle
- 1 kleiner Radicchio
- 8 Scheiben Toast
- 8 EL Mayonnaise

VORBEREITUNG

Entfernen Sie die Haut des Entenbrustfilets mit einem scharfen Messer. Orangen auspressen. Knoblauchzehen schälen und leicht zerdrücken. Mischen Sie den Orangensaft und Knoblauch mit der Sojasauce. Fleisch abdecken und mindestens 12 Stunden marinieren, vorzugsweise über Nacht.

Zwiebeln schälen, halbieren und in Streifen schneiden. 2 Esslöffel Öl und Butter in einem Topf erhitzen. Die Zwiebeln vorsichtig 5 Minuten anbraten. Koriandersamen und Sternanis hinzufügen und weitere 3 Minuten braten. Zwiebeln mit Zucker bestreuen, kurz karamellisieren und dann mit Balsamico-Essig ablöschen. Die Zwiebeln bei geschlossenem Deckel 25 Minuten köcheln lassen. Zwiebelmarmelade mit Salz und Pfeffer würzen und abkühlen lassen.

Den Backofen auf 200 Grad vorheizen (Konvektion 180 Grad). Die Entenbrust aus der Marinade nehmen und mit Küchenpapier trocken tupfen. 3 Esslöffel Öl in einer Pfanne erhitzen. Die Entenbrustfilets ca. 3 Minuten auf jeder Seite. Anschließend im vorgeheizten Backofen 12-15 Minuten kochen lassen. Abkühlen lassen.

Radicchio-Blätter abziehen. Die Toastscheiben mit Mayonnaise bestreichen, die Entenbrust in dünne

Scheiben schneiden. Zuerst Radicchio, dann Entenbrust und schließlich Zwiebelmarmelade auf vier der Toastscheiben legen, mit einer zweiten Scheibe abschließen und längs halbieren.

ZIEGE GOUDA SANDWICH MIT KAROTTENRELISH

Portionen: 8

ZUTATEN

- 3 große Karotten
- 1 Bio-Kalk
- 2 EL Honig
- 2 Esslöffel Öl
- Salz-
- schwarzer Pfeffer aus der Mühle
- 150 g saure Sahne
- 1 Bund Basilikum
- 1 rote Chilischote
- 8 Scheiben Vollkorntoast
- 8 Scheiben Ziegengouda
- 2 EL Butter

VORBEREITUNG

Die Karotten schälen und grob reiben. Die
Limettenschale fein reiben, den Saft auspressen.
Limettensaft und 1-2 Teelöffel Limettenschale mit
Honig und Öl verquirlen. Die geriebenen Karotten
dazugeben und mit Salz und Pfeffer würzen. 20
Minuten ziehen lassen.

Basilikumblätter grob hacken. 2 Esslöffel Sauerrahm in
einen hohen Behälter geben und mit einem Mixer fein
pürieren. Den Rest der sauren Sahne einrühren und mit
Salz und Pfeffer würzen.

Die Chilis entkernen, fein hacken und unter die
Karotten rühren. Die Toastscheiben mit Basilikum-
Sauerrahm bestreichen. Top vier davon mit
Ziegengouda und Karottenrelish und jeweils mit einer
Scheibe Toast bedecken. Die Butter in Portionen in
einer Pfanne erhitzen. Sandwiches auf jeder Seite
knusprig braten für ca. 2 Minuten, dann der Länge nach
halbieren und sofort servieren.

Gurken- und Apfelsuppe mit Curry-Sandwiches

Portionen: 4

ZUTATEN

- 400 g grüne Äpfel (Granny Smith)
- 2 Gurken (750 g)
- 2 EL schwarzer Sesam (alternativ: leichte Sesamkörner)
- 80 g Frischkäse
- 1 EL Currypulver (mild)
- 4 Scheiben Sandwich Toast
- 250 g Riesengarnelen kopflos (geschält)
- 250 ml Gemüsebrühe
- 50 g Portulak
- 40 g Wasabi-Erdnüsse
- 2 EL Zitronensaft

- feines Meersalz
- Entsafter

VORBEREITUNG

Die Äpfel entkernen und grob hacken. Die Gurke mit der Haut und den Samen der Länge nach vierteln. Drücken Sie beide in den Entsafter und geben Sie den Saft in den Kühlschrank.

Die Sesamkörner in einer Pfanne ohne Fett rösten. Den Frischkäse mit Curry würzen. Bürsten Sie Brotscheiben damit, falten Sie jeweils zwei und wickeln Sie sie fest in Frischhaltefolie, um sie durchzuziehen. An einen kühlen Ort stellen.

Schneiden Sie die Garnelenschwänze in ca. 3 cm große Stücke. Die Gemüsebrühe zum Kochen bringen, die Garnelen hinzufügen, vom Herd nehmen und 4 Minuten köcheln lassen. Garnelen abtropfen lassen und abkühlen lassen. Purslane-Stiele kürzen, Blätter waschen und trocken schleudern. Die Wasabi-Erdnüsse grob hacken. Gurken- und Apfelsaft mit Zitronensaft und Salz würzen.

Sandwiches entrinden und in vier Stücke schneiden. Tauchen Sie die Ränder in die Sesamkörner. Servieren Sie die Suppe mit Garnelen, Portulakblättern und Wasabi-Erdnüssen. Mit Sandwiches servieren.

Ziegenkäse und Figurenrollen

Portionen: 2

ZUTATEN

- 1 Teelöffel eingelegte grüne Pfefferkörner
- 3 EL Schnittlauchbrötchen
- 100 g Ziegenfrischkäse
- 2 Feigen
- 2 Vollkorn-Sonnenblumenröllchen
- 2 große Blätter Radicchiosalat
- 6 hauchdünne Scheiben Kernschinken
- 2 Teelöffel Cranberry-Marmelade

VORBEREITUNG

Die Pfefferkörner trocken tupfen, fein hacken, mit Schnittlauch und Ziegenkäse mischen. Die Feigen in dünne Scheiben schneiden. Das Brötchen horizontal halbieren, den Deckel ausbreiten und mit

Ziegenkäsecreme bestreichen. Die unteren Hälften mit Salat und Schinken bedecken. Die Feigen darauf verteilen, je 1 Teelöffel Marmelade darauf geben, den Deckel aufsetzen.

Schinkenrollen mit Senfcreme

Portionen: 8

ZUTATEN

- 4 Eier (Klasse M)
- 1 pk. TK-8 Kräutermischung
- 150 g körniger Frischkäse
- 150 g saure Sahne
- 3 Esslöffel Dijon-Senf
- Salz-
- Pfeffer
- 1 Salat
- 8 ganze Brötchen, gemischt
- 8 Scheiben geräucherter Schinken

VORBEREITUNG

Eier hart kochen. Kräuter, Frischkäse, Sauerrahm und
Senf mischen, mit Salz und Pfeffer würzen. Kalte Eier

schälen und in Scheiben schneiden. Reinigen Sie den Salat, nehmen Sie ihn auf, waschen Sie ihn und schleudern Sie ihn trocken.

Brötchen quer halbieren, alle Hälften mit Senfcreme bestreichen. Decken Sie die unteren Hälften mit Salat, je 1 Scheibe Schinken und Eischeiben. Legen Sie die oberen Hälften darauf. Zum Transport fest in Frischhaltefolie einwickeln.

WÜRZIGER AVOCADO-TOAST

Portionen: 2

ZUTATEN

- 1 Stck Avocado
- 1 Stck Knoblauchzehe
- 0,5 Stk   Limette (Saft)
- 1 EL   Olivenöl
- 1 Preis Paprikapulver
- 1 Preis Pfeffer
- 1 Preis Salz-
- 0,5 Föderation   Schnittlauch
- 2 Stk Tomaten
- 4 Schb   Vollkornbrot
- 0,5 Stk   Zwiebel

VORBEREITUNG

Für die Avocado-Creme das grüne Fruchtfleisch der Avocado aus der Schale nehmen und mit einer Gabel in einer kleinen Schüssel gut hacken, bis es glatt ist.

Tomate, Zwiebel und Knoblauch fein hacken und mit der Avocado mischen. Drücken Sie den Limettensaft hinein und verfeinern Sie die Sahne mit Salz, Pfeffer, Paprika und, wenn Sie möchten, mit einem mexikanischen Gewürz.

Nun das Vollkornbrot entweder in einer Pfanne oder mit dem Toaster leicht anbraten und mit dem Olivenöl beträufeln. Die Avocadocreme auf die Brotscheiben geben und gut verteilen. Zum Schluss den Schnittlauch fein hacken und darüber streuen.

VEGAN Zwiebelbrot
SANDWICH

Portionen: 1

ZUTATEN

- 1 EL   dijon Senf
- 5 Bl   Salat
- 0,25 Stk   Gurke
- 2 Stk Thymian- und Zwiebelbrötchen
- 50 G   Tofu, schlicht
- 1 Stck Tomate (groß
- 1 EL   Tomatenpüree

VORBEREITUNG

Bereiten Sie Thymian- und Zwiebelröllchen nach dem Grundrezept zu.

Den grobkörnigen Senf mit dem zerkleinerten Tofu und dem Tomatenpüree pürieren. Auf den Brötchen verteilen.

Die Brötchen mit Salat, Gurke und frischen Tomaten bedecken und genießen.

SPINACH TOAST MIT RICOTTA

Portionen: 2

ZUTATEN

- 250 g Spinatblätter
- 1 Stck Knoblauchzehe
- 1 EL   Öl
- 100 G. Ricotta
- 1 Preis Salz-

VORBEREITUNG

Knoblauchzehe schälen und fein hacken.

Braten Sie den Knoblauch kurz mit etwas Öl in einem
Topf an und fügen Sie dann die Spinatblätter hinzu.
Alles ca. 5 Minuten dämpfen. Mit Salz.

In der Zwischenzeit die Brotscheiben in einem Toaster rösten.

Die Brotscheiben auf Teller legen, den Spinat darauf legen und mit Ricotta bestreuen. Genießen Sie es noch lauwarm.

SANDWICH SAUCE

Portionen: 1

ZUTATEN

- 2 Stk Essiggurken
- 80 G. Frischkäse
- 120 G. Mayonnaise
- 70 G. Mixex Gurken, Glas
- 1 Preis Pfeffer
- 1 Preis Salz-
- 1 TL   Sardellenpaste
- 1 TL   Worcestersauce
- 2 TL   Zitronensaft
- 1 Preis Zucker

VORBEREITUNG

Die gemischten Gurken und Essiggurken gut abtropfen
lassen. Das ganze Gemüse sehr fein hacken. Die

Mayonnaise mit dem Frischkäse cremig mischen und das gehackte Gemüse untermischen.

Die Sauce mit Sardellenpaste, Zitronensaft, Worcestershire-Sauce, Salz, Pfeffer und Zucker würzen. Bis zum Servieren in den Kühlschrank stellen.

SANDWICH MIT PILZEN

Portionen: 4

ZUTATEN

- 1 Föderation Basilikum
- 4 Stk braune Pilze
- 4 Schb   Bruschetta-Brot
- 50 G Butter
- 150 G. Käse
- 2 Stk Knobli
- 2 zwischen   Rosmarin
- 2 Stk Schalotten
- 2 zwischen   Thymian
- 4 Stk Tomaten

VORBEREITUNG

Zwiebeln, Knoblauch, Thymian und Rosmarin fein hacken. Die Pilze vierteln und die Tomaten in dünne Scheiben schneiden. Den Käse in Scheiben schneiden.

Zwiebeln, Knoblauch und Champignons in einer Pfanne mit Butter anbraten und Rosmarin und Thymian hinzufügen. Mit Salz und Pfeffer abschmecken.

Basilikum fein hacken. Legen Sie 2 Scheiben Brot vor sich und fächern Sie sie mit den Tomaten auf. Basilikum darüber gießen und mit Salz und Pfeffer würzen. Dann mit Käse belegen und die Pilzmischung darauf verteilen. Decken Sie sie mit den beiden restlichen Brotscheiben ab und drücken Sie sie leicht nach unten.

Grillen Sie die Sandwiches in einem Sandwichgrill bis sie goldbraun sind.

In zwei Hälften schneiden und das Sandwich mit Pilzen servieren.

WÜRZIGER
SCHWARZBROTKUCHEN

Portionen: 1

ZUTATEN

- 250 g Butter
- 2 Pk Frischkäse
- 1 Föderation Peterli, gehackt
- 1 Preis Salz Pfeffer
- 1 Bch Sauerrahm
- 200 G. Schinken, in kleine Stücke geschnitten
- 1 Föderation Schnittlauch, gehackt
- 2 Pk Schwarzbrot
- 1 EL Senf
- 1 Stck Zwiebel, fein gehackt

VORBEREITUNG

Decken Sie eine Springform mit zerbröckeltem Schwarzbrot ab und drücken Sie sie ein wenig nach unten.

Butter, Senf, Schinken und Zwiebel mischen, mit Salz und Pfeffer würzen. Die Mischung auf dem Schwarzbrotboden verteilen.

Geben Sie erneut Schwarzbrot über die Mischung, bis sie vollständig bedeckt ist.

Sauerrahm, Frischkäse, Petersilie und Schnittlauch mischen. Verteilen Sie die Mischung vorsichtig auf der Schwarzbrotschicht.

Mit den restlichen Schwarzbrotkrumen als Deckel abdecken. Kühlen Sie den Kuchen einige Stunden lang, damit er besser kochen kann.

FAZIT

Hier geht es um ein Gericht, das auch gesund ist. Pilze

mit Garnelen, gegrillter Fisch mit Salat, Zucchinicreme,

gegrilltes oder gebackenes Hähnchenfilet mit

Gewürzen, gekochte Eier mit Thunfisch usw. Die

Kombination von Proteinen mit Gemüse ist nachts

zurück. Zum Nachtisch können Sie einen fettarmen

Joghurt haben.

Manchmal können Sie Mahlzeiten mit Abendessen

abwechseln. Wenn Sie also das Sandwich für die Nacht

verlassen, können Sie, wie bereits erwähnt, Pasta oder

Kartoffeln mit Fisch und Fleisch zum Mittagessen

genießen. Natürlich, ohne einen guten Salat oder ein

gutes Gemüsegericht zu vergessen.

Es ist wahr, dass es keine Mengen auferlegt und dass es

von vielen und vielen als endgültige und gesunde

Methode in Frage gestellt wird. Aber wenn Sie es für

eine gewisse Zeit im Wechsel mit diesen gesünderen

Gerichten aufbewahren, hilft es uns in den Momenten,

in denen die Arbeit uns daran hindert, so zu essen, wie

wir es wollen.